클레오파트라

일러두기

1 이 시리즈는 영국 Franklin Watts 출판사의 「Famous People Famous Lives」 시리즈를 기반으로 국내 창작물을 덧붙인 초등학교 저학년 대상의 인물 이야기입니다.
2 초등학교 저학년이 이해하기 힘든 사건이나 사실들은 편집부에서 설명을 덧붙였습니다.
3 사람 이름이나 지역 이름 등 외국에서 들어온 말은 국립 국어원의 외래어 표기법을 따랐습니다.

Famous People Famous Lives
CLEOPATRA
by Harriet Castor and illustrated by Richard Morgan

Text Copyright ⓒ 1999 by Harriet Casto
Illustrations Copyright ⓒ 1997 by Richard Morgan
All rights reserved.

Korean Translation Copyright ⓒ 2009 by BIR Publishing Co., Ltd.
Korean translation edition is published by arrangement with Franklin Watts,
a division of the Watts Publishing Group Ltd. through Imprima Korea Agency.

이 책의 한국어판 저작권은 Imprima Korea Agency를 통해 저작권사와 독점 계약한 **(주)비룡소**에 있습니다.
저작권법에 의해 한국 내에서 보호를 받는 저작물이므로 무단 전재와 무단 복제를 금합니다.

클레오파트라

해리엇 캐스터 글 리처드 모건 그림 장석봉 옮김

비룡소

지금으로부터 이천여 년 전, 이집트 알렉산드리아에 클레오파트라라는 여자아이가 살았어요. 클레오파트라는 이집트의 공주였지요.

클레오파트라의 아버지 프톨레마이오스 12세는 이집트의 왕이었지만, 그리스인이었어요. 당시 이집트는 오래전 마케도니아에서 온 그리스인들이 다스리고 있었지요.

클레오파트라가 열두 살 때였어요. 아버지 프톨레마이오스 12세에 반대하는 이집트인들이 들고일어나 큰 난리가 났어요. 이집트인들은 그리스인 왕을 별로 좋아하지 않았거든요. 프톨레마이오스 12세는 이집트를 떠나 로마로 피했지요.

그 무렵 로마는 세계에서 가장 크고 강한 나라였어요. 프톨레마이오스 12세는 로마의 장군 폼페이우스에게 이집트의 귀한 보물을 주면서 도와 달라고 부탁했어요.

그런데 프톨레마이오스 12세가 자리를 비운 사이, 이집트에서는 클레오파트라의 언니인 베레니케가 여왕이 되어 있었어요.

프톨레마이오스 12세는 로마 군대의 힘을 빌려 왕의 자리를 되찾기로 했어요.

프톨레마이오스 12세가 베레니케를 쫓아내고 다시 이집트의 왕이 되었어요. 클레오파트라는 왕의 자리를 이을 공주가 되었고요.

하지만 클레오파트라는 왕이 되는 게 그리 좋지만은 않았어요. 아버지와 언니가 왕이 되기 위해 싸우는 모습을 쭉 지켜본 터라 무섭기도 했고, 좋은 왕이 될 수 있을까 걱정도 되었거든요.

클레오파트라가 열여덟 살 되던 해, 프톨레마이오스 12세가 병으로 죽었어요. 클레오파트라는 남동생 프톨레마이오스 13세와 결혼해 이집트를 다스리는 공동 왕이 되었지요.

이집트에서는 공주가 왕이 되려면 반드시 남자 형제와 결혼을 해야 했거든요.

클레오파트라는 프톨레마이오스 13세의 가정 교사인 포티누스와 여러 신하들의 도움을 받아 나라를 다스렸어요.

　하지만 나라를 다스리는 일은 쉽지 않았어요. 포티누스는 클레오파트라가 하는 일마다 트집을 잡았어요. 프톨레마이오스 13세가 혼자서 이집트를 다스리기를 바랐거든요.

얼마 후 이집트에 극심한 가뭄이 들자, 포티누스는 가뭄이 든 게 클레오파트라 때문이라고 소문을 퍼뜨렸어요. 포티누스의 꾐에 빠진 이집트 사람들은 하루 빨리 클레오파트라를 쫓아내야 한다고 입을 모았지요.

소문은 걷잡을 수 없이 퍼져 갔어요. 하는 수 없이 클레오파트라는 잠시 알렉산드리아를 떠나기로 했어요.

그때 로마의 새로운 지도자인 카이사르가 이집트에 왔어요. 클레오파트라는 카이사르의 도움을 받아야겠다고 생각했어요. 하지만 카이사르를 만나려면 포티누스가 버티고 있는 알렉산드리아로 돌아가야 했어요.

고민 끝에 클레오파트라는 카이사르에게 선물로 보내는 양탄자에 몸을 숨기기로 했어요.

카이사르는 클레오파트라의 양탄자 선물에 깜짝 놀랐어요. 그도 그럴 것이 그 양탄자 속에는 아름답게 차려입은 클레오파트라가 있었으니까요.

클레오파트라의 이야기를 들은 카이사르는 프톨레마이오스 13세에게 클레오파트라와 함께 이집트를 다스리라고 말했어요.

화가 머리끝까지 난 포티누스는 카이사르를 없애려고 했어요. 하지만 카이사르에게 들켜서 목숨을 잃고 말았어요.

프톨레마이오스 13세는 몰래 궁전을 빠져나가 카이사르에 맞서 싸웠어요. 하지만 카이사르의 군대를 이길 수는 없었지요. 카이사르의 군대는 로마에서도 가장 강한 군대였거든요. 얼마 후 프톨레마이오스 13세는 죽은 채 나일강에서 발견되었어요.

클레오파트라는 프톨레마이오스 14세와 결혼해서 다시 이집트의 여왕이 되었어요.

클레오파트라와 카이사르는 사랑에 빠졌어요.
그리고 얼마 지나지 않아 클레오파트라는 카이사르의 아들을 낳았어요. 아이의 이름은 카이사르의 이름을 따서 '카이사리온'이라고 지었어요.
기원전 46년, 카이사르가 로마로 돌아가자, 클레오파트라도 카이사리온을 데리고 함께 갔어요.

클레오파트라는 로마에서도 언제나 당당했어요. 로마가 아무리 강한 나라라 해도 클레오파트라는 이집트의 여왕이었으니까요.

그런데 로마에 온 지 채 이 년도 되지 않아 카이사르가 죽고 말았어요. 로마를 혼자 다스리려는 카이사르를 못마땅하게 여긴 사람들이 카이사르를 죽인 거예요.

클레오파트라는 서둘러 이집트로 돌아왔어요. 그런데 갑자기 프톨레마이오스 14세가 죽고 말았어요. 겨우 세 살 난 카이사리온이 이집트의 새로운 왕이 되었지요.

클레오파트라는 어린 카이사리온을 대신해 이집트를 다스렸어요. 힘센 로마로부터 이집트를 지키려면 한시도 긴장을 늦출 수 없었지요.

그때 로마에서는 큰 싸움이 벌어졌어요. 카이사르의 부하인 안토니우스와 양아들인 옥타비아누스가 카이사르를 죽인 사람들에 맞서 싸운 거예요.

클레오파트라는 로마에서 일어난 싸움을 자세히 살폈어요.

　　기원전 42년, 싸움에서 승리한 안토니우스와 옥타비아누스는 로마를 절반씩 나누어 다스리기로 했어요. 안토니우스가 로마의 동쪽을, 옥타비아누스가 로마의 서쪽을 다스리기로 했지요.

안토니우스는 서아시아로 군대를 이끌고 와서는 이집트를 둘러싼 나라들을 차례로 공격했어요. 클레오파트라는 안토니우스가 이집트도 공격할까 봐 걱정이 되었지요.

　클레오파트라는 이집트를 안전하게 지키기 위해 안토니우스와 가깝게 지내야겠다고 생각했어요. 그래서 안토니우스가 더욱 강한 군대를 만들 수 있도록 도왔지요. 클레오파트라에게 큰 도움을 받은 안토니우스는 절대로 이집트를 공격하지 않겠다고 약속했어요.

클레오파트라는 안토니우스를 이집트에 초대해 아름다운 궁전들과 유명한 박물관을 보여 주었어요.

클레오파트라와 지내면서, 안토니우스는 로마에 있는 아내 옥타비아를 새까맣게 잊고 말았어요. 옥타비아는 옥타비아누스의 여동생이었지요. 이 일로 인해 안토니우스와 옥타비아누스의 사이는 점점 멀어졌어요.

클레오파트라는 안토니우스가 쭉 이집트에 머물기를 바랐어요. 안토니우스의 군대가 있으면 그 누구도 감히 이집트를 넘볼 수 없을 테니까요.

그즈음 옥타비아누스가 안토니우스를 로마로 불렀어요. 하지만 안토니우스는 돌아가지 않았어요.
클레오파트라의 부탁 때문이기도 했지만, 예전부터 옥타비아누스가 마음에 들지 않았거든요.

안토니우스는 사사건건 간섭하는 옥타비아누스 없이 혼자서 로마를 다스리고 싶었어요. 클레오파트라와 함께라면 할 수 있을 것 같았지요.

클레오파트라와 안토니우스는 화려한 결혼식을 올렸어요. 안토니우스는 클레오파트라야말로 왕 중의 왕이라며 치켜세웠어요. 그리고 로마는 더 이상 이집트에 이래라저래라 간섭할 수 없다고 선언했어요.

안토니우스는 클레오파트라와의 사이에서 낳은 아이들에게 자신의 땅을 나누어 주겠다고 약속했어요. 또 카이사르의 친아들인 카이사리온이야말로 로마의 지도자가 될 자격이 있다고 했지요.

옥타비아누스는 안토니우스가 클레오파트라와 결혼했다는 소식에 불같이 화를 냈어요. 다른 로마인들도 이집트 여왕과 결혼한 배신자라며 욕했지요.

이제 클레오파트라와 안토니우스는 옥타비아누스와의 싸움을 피할 수 없게 되었어요.

안토니우스는 에페소스(지금의 터키)에서 전쟁을 준비했어요. 클레오파트라도 안토니우스를 도왔지요.

클레오파트라는 이백여 척의 배에 먹을 것과 무기를 나누어 싣고 에페소스로 갔어요. 그런데 안토니우스의 부하들은 클레오파트라를 좋아하지 않았어요.

기원전 31년, 클레오파트라와 안토니우스는 팔만여 명의 병사를 이끌고 그리스 서북부의 악티움으로 향했어요. 악티움 앞바다는 클레오파트라와 안토니우스의 군사들로 새까맣게 덮였지요.

로마군의 수는 생각보다 훨씬 적었어요. 클레오파트라는 이때다 하고 얼른 공격 명령을 내렸지요. 그런데 클레오파트라에게 불만을 품고 있던 안토니우스의 부하들이 배신을 하고 말았어요. 당황한 클레오파트라와 안토니우스의 군대는 삽시간에 무너지고 말았지요.

　클레오파트라는 남은 배를 이끌고 허겁지겁 이집트로 피했어요. 안토니우스도 클레오파트라를 뒤따라 도망쳤지요.

하지만 이집트도 안전하지는 않았어요. 옥타비아누스가 뒤쫓아 오고 있었거든요.

클레오파트라는 나일강을 가로질러 홍해로 나갔어요. 그런데 이게 웬일이에요. 클레오파트라의 배에 불이 난 거예요. 그동안 클레오파트라가 잘되는 것을 배 아파한 이웃 나라 헤로데 왕이 불을 지른 거지요.

다급해진 클레오파트라는 옥타비아누스에게 편지를 썼어요. 자기 아이들이 이집트를 다스리게 해 준다면 여왕 자리를 포기하겠다는 편지였지요. 어마어마한 보물도 몇 번이나 보냈어요. 하지만 옥타비아누스에게서는 아무런 답도 들을 수 없었어요.

이 위기를 해결하려면 다른 방법이 필요했어요.
생각 끝에 클레오파트라는 여왕이 되자마자 만들어 둔 무덤에 숨기로 했어요.

그런데 예상치 못한 일이 일어났어요. 클레오파트라가 죽은 줄 알았던 안토니우스가 칼로 자기 몸을 찌른 거예요.

클레오파트라는 급히 안토니우스를 무덤으로 데려왔어요. 무덤 입구가 막힌 탓에 안토니우스는 작은 창문을 통해 들어와야 했지요. 겨우 무덤 속에 들어온 안토니우스는 클레오파트라의 곁에서 숨을 거두었어요.

무덤 속에 혼자 남은 클레오파트라는 금세 옥타비아누스의 병사들에 붙잡혀 알렉산드리아 궁전으로 끌려 갔지요.

옥타비아누스는 클레오파트라를 전차에 묶어 로마 시내에서 끌고 다닐 계획을 세웠어요. 클레오파트라를 로마인들의 구경거리로 만들려고 한 거예요.

옥타비아누스의 계획을 들은 클레오파트라는 깜짝 놀랐어요. 이집트의 여왕으로서 그런 모욕을 당하느니 차라리 스스로 목숨을 끊는 게 낫다고 생각했지요.

클레오파트라는 감시하는 병사들이 잠시 자리를 비운 사이, 황금 옷을 차려입고 황금 침대에 누웠어요. 그리고 미리 준비해 둔 독을 먹었지요. 클레오파트라는 마지막까지 당당한 모습으로 세상을 떠났어요.

　죽은 클레오파트라의 몸에는 뾰족한 것에 눌린 자국이 두 개 남아 있었어요. 그래서 어떤 사람들은 클레오파트라가 독을 먹은 게 아니라 독사에 물렸다고도 말하지요.

♣ 사진으로 보는 클레오파트라 이야기 ♣

클레오파트라에 대한 오해

클레오파트라 하면 예쁜 얼굴로 남자들을 유혹하다 독사에 물려 죽은 악녀로 기억하는 사람들이 많아요. 하지만 그건 클레오파트라의 재능을 시샘한 사람들이 멋대로 지어낸 말이에요.

클레오파트라는 이집트 프톨레마이오스 왕가의 마지막 여왕이에요. 프톨레마이오스 왕가는 그리스 남쪽의 마케도니아에서 온 그리스인들이지요. 이집트인은 아니지만 클레오파트라

이집트의 한 신전에 있는 클레오파트라의 조각이에요.

프랑스의 화가 알렉상드르 카바넬이 그린 클레오파트라의 모습이에요. 알렉상드르 카바넬 말고도 많은 화가들이 클레오파트라를 주제로 작품을 그리곤 했어요.

는 어릴 때부터 완벽한 이집트 여왕이 되기 위해서 많은 노력을 기울였어요. 이집트어, 그리스어, 라틴어 등 여덟 나라의 말을 자유롭게 할 수 있었고 수학, 철학, 천문학, 의학 등 왕이 나라를 다스리는 데 도움이 되는 것들을 두루 배우고 익혔지요.

프톨레마이오스 왕가의 시작

기원전 336년, 호탕하고 용맹한 알렉산드로스 3세가 마케도니아의 왕이 되었어요. 그는 그리스와 이집트를 비롯해 멀리 인도에 이르기까지 수많은 나라를 지배하는 대제국을 이루었어요. 사람들은 그를 알렉산드로스 대왕이라 불렀지요.

그런데 안타깝게도 알렉산드로스 대왕은 서른세 살의 젊은 나이에 죽고 말았어요. 그 후 그를 따르던 장군들이 알렉산드로스 대왕의 대제국을 여러 개로 쪼개 나누어 가졌지요.

일찌감치 이집트 알렉산드리아에 눈독을 들이고 있던 프톨레마이오스 장군은 이집트의 왕이 되었어요. 이때부터 이집트는 그리스인인 프톨레마이오스 왕가에서 다스리게 되었지요.

프톨레마이오스 왕가의 왕들은 비록 이집트인은 아니었지만 이집트를 강한 나라로 만들기 위해 여러모로 노력했어요. 허물어진 신전들을 고쳤을 뿐 아니라, 영토를 넓혀 이집트의 힘을 키웠지요.

영국 박물관에 전시된 알렉산드로스 대왕의 흉상이에요. 전쟁에 나선 알렉산드로스 대왕은 천하무적이었어요. 그는 그리스, 페르시아, 인도에 이르는 대제국을 건설했어요.

이집트의 문화 번성기

프톨레마이오스 왕가는 이집트의 고유문화를 존중하면서도 우아한 그리스 문화와 웅장한 로마 문화, 바다 건너의 독특한 아시아 문화를 더해 새로운 문화를 만들었어요. 또한 학문과 문화를 존중해 도서관과 박물관을 세우기도 했어요.

그중에서도 알렉산드리아 도서관은 그 당시 최고로 손꼽혔어

2002년에 고대 알렉산드리아 도서관을 기념하기 위해 세운 도서관이에요.
알렉산드리아 도서관이 있었을 것으로 추정되는 곳에 지었다고 해요.
이집트의 알렉산드리아에 자리하고 있어요.

요. 수학, 천문학, 기하학, 의학 등 다양한 분야의 책들을 소장하고 있었고, 그 수가 수십 만 권에 달했다고 해요. 하지만 안타깝게도 불이 나는 바람에 지금은 그 흔적을 찾아볼 수 없지요.

기원전 280년경에 지어진 파로스 등대는 당시 유행하던 여러 나라의 건축 양식을 종합한

파로스 등대는 이집트의 화려한 문화를 잘 보여주는 건축물이에요. 안토니우스도 이 등대를 보고 큰 감명을 받았다고 해요.

것이었어요. 높이가 135미터에 달하고, 등대 안에는 돌로 만들어진 수백 개의 방이 있었다고 하지요. 등대의 불빛은 무려 오십 킬로미터 거리에서도 보일 정도였고요.

당시의 기술로 어떻게 이렇게 거대한 규모의 건축물을 세웠는지는 지금까지도 정확하게 밝혀지지 않고 있어요. 그래서 파로스 등대는 세계 7대 불가사의 중 하나로 유명하답니다.

악티움 해전

기원전 31년, 그리스의 서북부에 있는 악티움 앞바다에서 로마의 지배자가 되려는 옥타비아누스와 안토니우스의 전투가 벌어졌어요.

옥타비아누스는 사백여 척의 배와 칠만여 명의 병사를 앞세우고 왔어요. 한편 안토니우스는 옥타비아누스보다 훨씬 많은 오백여 척의 배와 팔만여 명의 병사, 또 클레오파트라의 도움으로 수많은 이집트 군대도 거느리고 있었지요.

옥타비아누스의 군대는 수적으로 안토니우스와 겨루기에 턱없이 부족했어요. 하는 수 없이 옥타비아누스는 악티움의

미술실에서 석고상 아그리파를 본 적 있나요? 아그리파는 악티움 해전에서 옥타비아누스에게 승리를 안겨 준 장군이에요.

클레오파트라가 악티움 해전에 끌고 간 화려한 배예요. 자세히 보면
이 배의 뱃머리에 이집트를 상징하는 악어도 달려 있답니다.

북쪽에 머물며 기회를 살폈어요. 그리고 부하인 아그리파를 시켜 악티움 남서쪽을 막아 안토니우스가 이집트와 연락할 수 없게 했지요.

이집트와 연락이 끊긴 안토니우스의 군대는 점점 불리해졌어요. 게다가 안토니우스를 따르던 군대가 배신을 했지요. 이를 지켜보던 클레오파트라는 달아나고 말았어요. 안토니우스는 클레오파트라를 따라 주저 없이 도망치지요. 결국 안토니우스는 옥타비아누스에게 크게 지고 말았어요.

함께 보면 쏙쏙 이해되는 역사

◆ 기원전 69년
   이집트에서 태어남.

기원전 60　　　　　　　　**기원전 55**

● 기원전 60년경
   로마에서 카이사르,
   폼페이우스, 크라수스가
   정치적으로 협력함.

● 기원전 58년
   카이사르가 갈리아를
   정복하는 전쟁을
   시작함.

◆ 기원전 44년
   카이사르가 암살당해
   이집트로 돌아옴.
   아들 카이사리온이
   프톨레마이오스 15세가 됨.

◆ 기원전 41년경
   안토니우스와 만남.

◆ 기원전 37년경
   안토니우스와 결혼함.

기원전 40　　　　　　　　**기원전 35**

◆ 클레오파트라의 생애
● 고대 로마사의 역사

◆ 기원전 47년
프톨레마이오스 14세와
결혼해 다시 여왕이 됨.

◆ 기원전 51년
남동생 프톨레마이오스
13세와 결혼해
이집트의 여왕이 됨.

◆ 기원전 46년
카이사르의 초대로
로마로 건너감.

기원전 50 **기원전 45**

◆ 기원전 31년
악티움 전투에서 패함.

◆ 기원전 30년
옥타비아누스에 의해
로마로 끌려가기 전에
스스로 목숨을 끊음.

기원전 30 **기원전 25**

● 기원전 30년
안토니우스가 목숨을
끊음.

● 기원전 27년
옥타비아누스가
로마 황제의 자리에
오름.

추천사

「새싹 인물전」을 펴내면서

　요즈음 아이들에게 '훌륭한 사람'이 누구냐고 물으면 '돈 많이 버는 사람'이라고 대답한다고 합니다. 초등학생의 태반은 가수나 배우가 되고 싶어 하고요. 돈 많이 버는 사람이나 연예인이라는 직업이 나쁘다는 것이 아니라, 아이들이 각자가 갖고 있는 재능과는 상관없이 모두 똑같은 꿈을 갖는 것 같아 걱정입니다. 또 한편으로는 아이들이 진정 마음으로 닮고 싶은 사람에 대한 정보가 부족한 것은 아닌가 하는 생각도 듭니다.

　어릴수록 위인 이야기의 힘은 큽니다. 아직 어리고 조그마한 아이들은 자신이 보잘것없다고 생각하고 위인들의 성공에 감탄합니다. 하지만 그네들에게는 끝없이 열린 미래가 있습니다. 신화처럼 빛나는 위인들의 모습은 아이들에게 훌륭한 역할 모델이 되고, 그런 삶을 살기 위해 무엇을 어떻게 해야 할지를 알려 주는 밝은 등대가 됩니다.

　그렇다면 우리가 어른으로서 아이들에게 권해야 할 위인전은 무엇일까요? 보통 우리가 생각하는 '위인'은 훌륭한 업적을 남긴

위대한 사람, 멋지고 능력 있는 사람입니다. 하지만 시대가 변했으니 아이들이 역할 모델로 삼을 수 있는 위인의 정의나 기준도 변해야 할 것입니다.

그런 의미에서 비룡소의 「새싹 인물전」은 종래의 위인전과는 다른 점이 많습니다. 시리즈 이름이 '위인전'이 아닌 '인물전'이라는 데 주목하기 바랍니다. 「새싹 인물전」은 하늘에서 빛나는 위인을 옆자리 짝꿍의 위치로 내려놓습니다. 만화 같은 친근한 일러스트는 자칫 생소할 수 있는 옛사람들의 이야기를 일상에서 만날 수 있는 재미있는 사건처럼 보여 줍니다.

또 하나, 「새싹 인물전」에는 위인전에 단골로 등장하는 태몽이나 어린 시절의 비범한 에피소드, 위인 예정설 같은 과장이 없습니다. 사실 이런 이야기들은 현대를 사는 아이들에게는 황당하고 이해하기 힘든 일일 뿐입니다. 그보다는 천 리 길도 한 걸음부터, 큰 성공도 자잘한 일상의 인내와 성실함이 없었다면 이루어질 수 없었다는 것을 알려 주는 것이 중요합니다. 세상 사람들의 우러름을 받는 이들도 여느 아이들과 같은 시절을 겪었음을 보여 줌으로써, 아이들에게 괜한 열등감을 주지 않고 그네들의 모습을 마음속에 담을 수 있도록 해 주는 것입니다.

덧붙여 위인전이란 그 인물이 얼마나 훌륭한 업적을 남겼는가 보여 주는 것도 중요하지만, 얼마나 참된 인간다움을 보였는가를 알려 줄 필요도 있습니다. 여기서 '인간다움'이란 기본적인 선함과 이해심, 남을 위해 봉사할 수 있는 사랑과 배려, 그리고 한 가지 목표를 설정하고 앞으로 나아갈 수 있는 의지와 용기를 말합니다. 성취라는 결과보다는 성취하기 위한 과정을 보여 주고, 사회적인 성공보다는 한 인간으로서 얼마나 자기 자신에게 철저하고 진실했는지를 보여 주는 것이 중요하다는 것입니다.

하지만 아무리 좋은 가르침도 사랑과 따뜻함이 없으면 억누름과 상처가 될 뿐이겠지요. 「새싹 인물전」은 나의 노력과 의지에 따라 얼마든지 의미 있는 삶을 살 수 있음을 알려 줍니다. 내가 알고 있는 삶 외에도 또 다른 삶이 존재할 수 있다는 것, 꿈을 키우고 이루어 가는 과정에서 배우고 경험하게 되는 것들의 가치, 그런 따뜻함을 담고 있는 위인전입니다. 부디 이 책이 삶의 첫발을 내딛는 아이들에게 좋은 길잡이가 되었으면 하는 바람입니다.

기획 위원

박이문(전 연세대 교수, 철학)
장영희(전 서강대 교수, 영문학)
안광복(중동고 철학 교사, 철학 박사)

● 사진 제공

48~49쪽, 51, 53쪽_ 토픽 포토 에이전시. 50쪽_ ⓒAndrew Dunn/ 위키피디아.
52쪽_ ⓒShawn Lipowski/ 위키피디아.

글쓴이 해리엇 캐스터
1970년 영국 케임브리지에서 태어났다. 열두 살 때 첫 책 『뚱뚱한 고양이 Fat Puss』를 썼다. 케임브리지 대학교에서 역사를 공부했고, 펭귄 출판사에서 편집자로 일했다. 지은 책으로 『안네 프랑크』, 『헬렌 켈러』 등이 있다.

그린이 리처드 모건
어린이 책에 그림을 그리는 작가이다. 작품으로 『마하트마 간디』, 『잘했어! Well Done!』가 있다.

옮긴이 장석봉
서강 대학교 철학과를 졸업한 뒤 현재 기획과 번역 일을 하고 있다. 옮긴 책으로는 『누구 발자국일까?』, 『나무하고 친구하기』, 『아름답고 슬픈 야생동물 이야기』, 『어메이징 필로소피』, 「둘리틀 박사의 모험」 시리즈, 『파스퇴르』, 『제임스 와트』 등이 있다.

새싹 인물전
012

클레오파트라

1판 1쇄 펴냄 2009년 1월 23일 1판 12쇄 펴냄 2020년 5월 22일
2판 1쇄 펴냄 2021년 5월 28일 2판 2쇄 펴냄 2022년 5월 30일

글쓴이 해리엇 캐스터 그린이 리처드 모건 옮긴이 장석봉
펴낸이 박상희 편집장 전지선 편집 이지은 디자인 박연미, 지순진
펴낸곳 (주)비룡소 출판등록 1994.3.17. (제16-849호)
주소 06027 서울시 강남구 도산대로1길 62 강남출판문화센터 4층
전화 영업 02)515-2000 팩스 02)515-2007 편집 02)3443-4318, 9 홈페이지 www.bir.co.kr
제품명 어린이용 각양장 도서 제조자명 (주)비룡소 제조국명 대한민국 사용연령 3세 이상

ISBN 978-89-491-2892-4 74990
ISBN 978-89-491-2880-1 (세트)

「새싹 인물전」 시리즈

001 **최무선** 김종렬 글 이경석 그림
002 **안네 프랑크** 해리엇 캐스터 글 헬레나 오웬 그림
003 **나운규** 남찬숙 글 유승하 그림
004 **마리 퀴리** 캐런 월리스 글 닉 워드 그림
005 **유일한** 임사라 글 김홍모·임소희 그림
006 **윈스턴 처칠** 해리엇 캐스터 글 린 윌리 그림
007 **김홍도** 유타루 글 김홍모 그림
008 **토머스 에디슨** 캐런 월리스 글 피터 켄트 그림
009 **강감찬** 한정기 글 이홍기 그림
010 **마하트마 간디** 에마 피시엘 글 리처드 모건 그림
011 **세종 대왕** 김선희 글 한지선 그림
012 **클레오파트라** 해리엇 캐스터 글 리처드 모건 그림
013 **김구** 김종렬 글 이경석 그림
014 **헨리 포드** 피터 켄트 글·그림
015 **장보고** 이옥수 글 원혜진 그림
016 **모차르트** 해리엇 캐스터 글 피터 켄트 그림
017 **선덕 여왕** 남찬숙 글 한지선 그림
018 **헬렌 켈러** 해리엇 캐스터 글 닉 워드 그림
019 **김정호** 김선희 글 서영아 그림
020 **로버트 스콧** 에마 피시엘 글 데이브 맥타가트 그림
021 **방정환** 유타루 글 이경석 그림
022 **나이팅게일** 에마 피시엘 글 피터 켄트 그림
023 **신사임당** 이옥수 글 변영미 그림
024 **안데르센** 에마 피시엘 글 닉 워드 그림
025 **김만덕** 공지희 글 장차현실 그림
026 **셰익스피어** 에마 피시엘 글 마틴 렘프리 그림
027 **안중근** 남찬숙 글 곽성화 그림
028 **카이사르** 에마 피시엘 글 레슬리 뷔시커 그림
029 **백남준** 공지희 글 김수박 그림
030 **파스퇴르** 캐런 월리스 글 레슬리 뷔시커 그림

031 **유관순** 유은실 글 곽성화 그림
032 **알렉산더 벨** 에마 피시엘 글 레슬리 뷔시커 그림
033 **윤봉길** 김선희 글 김홍모·임소희 그림
034 **루이 브라유** 테사 포터 글 헬레나 오웬 그림
035 **정약용** 김은미 글 홍선주 그림
036 **제임스 와트** 니컬라 백스터 글 마틴 렘프리 그림
037 **장영실** 유타루 글 이경석 그림
038 **마틴 루서 킹** 베르나 윌킨스 글 린 윌리 그림
039 **허준** 유타루 글 이홍기 그림
040 **라이트 형제** 김종렬 글 안희건 그림
041 **박에스더** 이은정 글 곽성화 그림
042 **주몽** 김종렬 글 김홍모 그림
043 **광개토 대왕** 김종렬 글 탁영호 그림
044 **박지원** 김종광 글 백보현 그림
045 **허난설헌** 김은미 글 유승하 그림
046 **링컨** 이명랑 글 오승민 그림
047 **정주영** 남경완 글 임소희 그림
048 **이호왕** 이영서 글 김홍모 그림
049 **어밀리아 에어하트** 조경숙 글 원혜진 그림
050 **최은희** 김혜연 글 한지선 그림
051 **주시경** 이은정 글 김혜리 그림
052 **이태영** 공지희 글 민은정 그림
053 **이순신** 김종렬 글 백보현 그림
054 **오드리 헵번** 이은정 글 정진희 그림
055 **제인 구달** 유은실 글 서영아 그림
056 **가브리엘 샤넬** 김선희 글 민은정 그림
057 **장 앙리 파브르** 유타루 글 하민석 그림
058 **정조 대왕** 김종렬 글 민은정 그림
059 **나폴레옹 보나파르트** 남찬숙 글 남궁선하 그림
060 **이종욱** 이은정 글 우지현 그림

061 **박완서** 유은실 글 이윤희 그림
062 **장기려** 유타루 글 정문주 그림
063 **김대건** 전현정 글 홍선주 그림
064 **권기옥** 강정연 글 오영은 그림
065 **왕가리 마타이** 남찬숙 글 윤정미 그림
066 **전형필** 김혜연 글 한지선 그림

* 계속 출간됩니다.